Impressum
Verlag: BABADADA GmbH, Nedderfeld 112 , 22529 Hamburg
Geschäftsführer / Verlagsleitung: Harald Hof
Druck: Books on Demand GmbH, In de Tarpen 42, 22848 Norderstedt

Imprint
Publisher: BABADADA GmbH, Nedderfeld 112 , 22529 Hamburg, Germany
Managing Director / Publishing direction: Harald Hof
Print: Books on Demand GmbH, In de Tarpen 42, 22848 Norderstedt, Germany

школа

школа

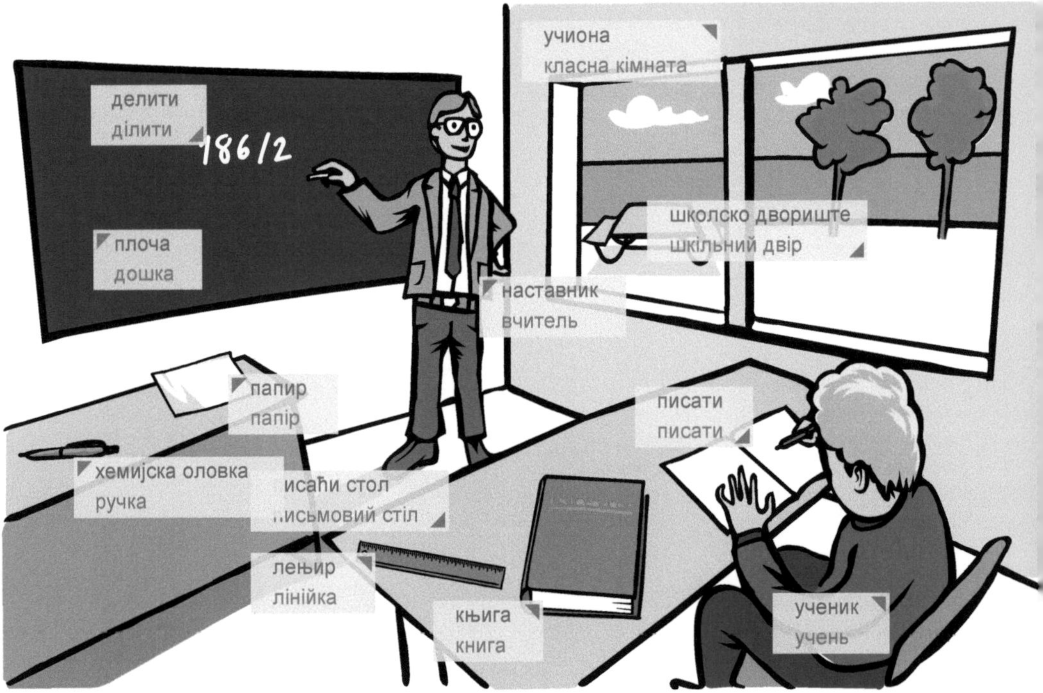

учиона
класна кімната
делити
ділити
186/2
плоча
дошка
школско двориште
шкільний двір
наставник
вчитель
папир
папір
писати
писати
хемијска оловка
ручка
исаћи стол
исьмовий стіл
лењир
лінійка
књига
книга
ученик
учень

торба

ранець

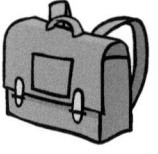

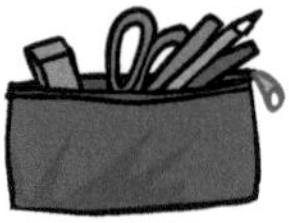

перница

пенал

графитна оловка

олівець

шиљило за оловке

точило

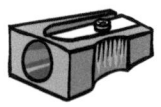

гумица за брисање

гумка

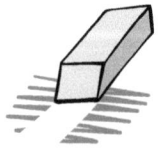

блок за цртање

альбом для малювання

цртеж

малюнок

кист

пензель

кутија са бојама

коробка фарб

маказе

ножиці

лепило

клей

бележница

зошит

домаћи задатак

домашнє завдання

број

число

сабирати

додавати

одузимати

віднімати

множити

множити

рачунати

рахувати

слово

літера

абецеда

абетка

реч

слово

текст

текст

читати

читати

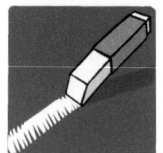

креда

крейда

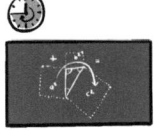

час

година

дневник

класний журнал

испит

екзамен

сведочанство

диплом

школска униформа

шкільна форма

образовање

освіта

лексикон

лексикон

универзитет

університет

микроскоп

мікроскоп

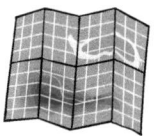

карта

карта

кошара за папир

кошик для паперу

путовање

подорож

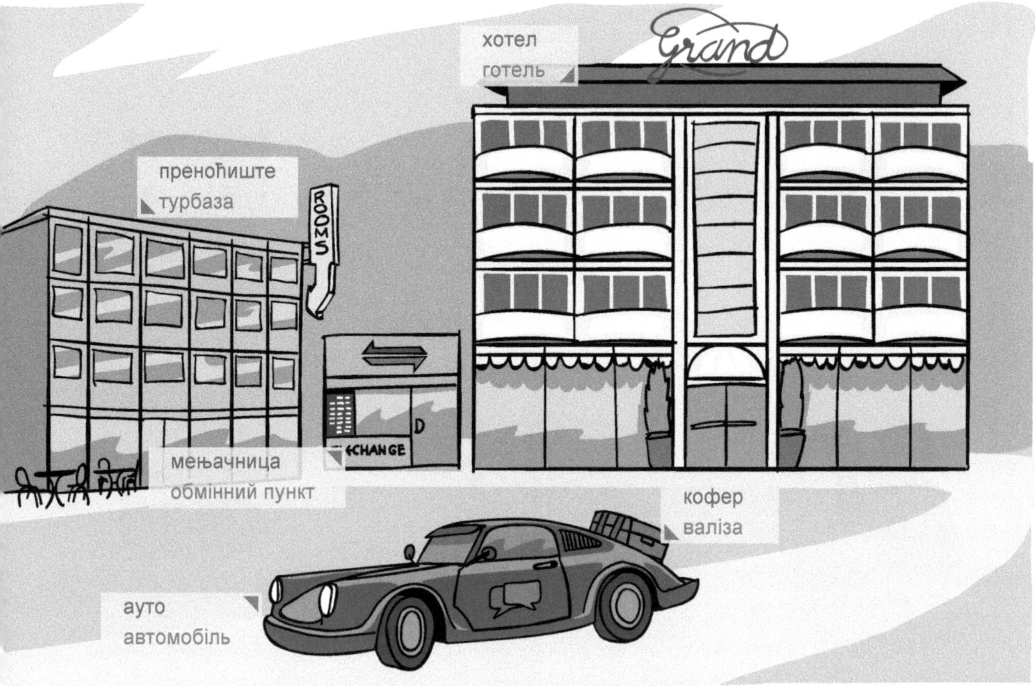
хотел
готель
Grand
преноћиште
турбаза
ROOMS
мењачница
обмінний пункт
кофер
валіза
ауто
автомобіль

језик

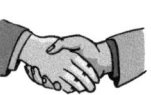

мова

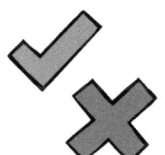

да / не

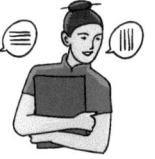

так / ні

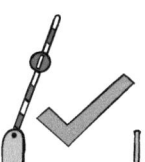

океј

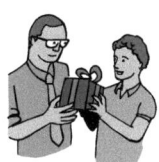

добре

здраво

привіт

преводилац

перекладач

хвала

дякую

Колико кошта...?

Скільки коштує ...?

не разумем

Я не розумію

проблем

проблема

добро вече!

Добрий вечір!

Добро јутро!

Доброго ранку!

Лаку ноћ!

На добраніч!

довиђења

До побачення

смер

напрямок

пртљага

багаж

торба

сумка

руксак

рюкзак

гост

гість

соба

кімната

врећа за спавање

спальний мішок

шатор

намет

туристичке информације

туристична інформація

плажа

пляж

кредитна картица

кредитна картка

доручак

сніданок

ручак

обід

вечера

вечеря

карта за вожњу

квиток

лифт

ліфт

поштанска маркица

поштова марка

граница

межа

царина

митниця

амбасада

посольство

виза

віза

пасош

паспорт

транспорт

транспорт

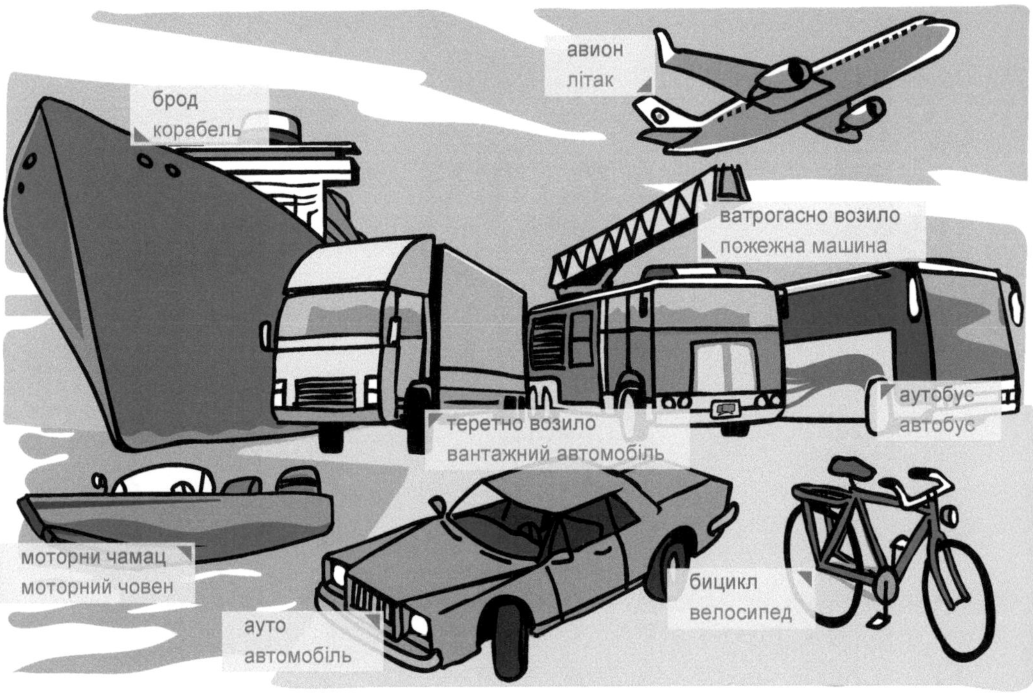

авион
літак
брод
корабель
ватрогасно возило
пожежна машина
аутобус
автобус
теретно возило
вантажний автомобіль
моторни чамац
моторний човен
бицикл
велосипед
ауто
автомобіль

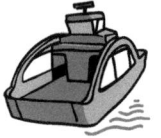

трајект

пором

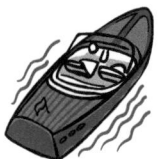

чамац

човен

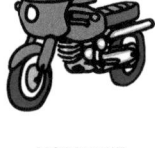

мотоцикл

мотоцикл

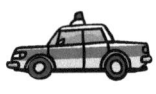

полицијски ауто

поліцейська машина

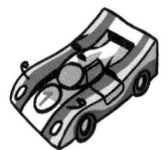

тркаћи ауто

гоночний автомобіль

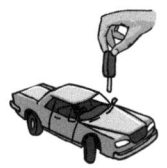

изнајмљено ауто

автомобіль на прокат

деленье аутомобила

спільне користування авто

вучно возило

евакуатор

возило за одвоз смећа

сміттєвоз

мотор

двигун

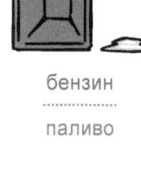

бензин

паливо

бензинска станица

автозаправна станція

саобраћајни знак

дорожній знак

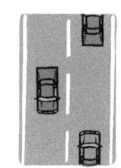

саобраћај

рух

застој

затор

паркиралиште

стоянка

железничка станица

вокзал

шине

рейки

воз

потяг

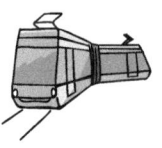

трамвај

трамвай

вагон

вагон

хеликоптер

гелікоптер

аеродром

аеропорт

кула

вежа

путник

пасажир

контејнер

контейнер

картон

коробка

колица

візок

корпа

кошик

узлетети / слетети

стартувати / приземлятися

град

місто

село

село

центар града

центр міста

кућа

дім

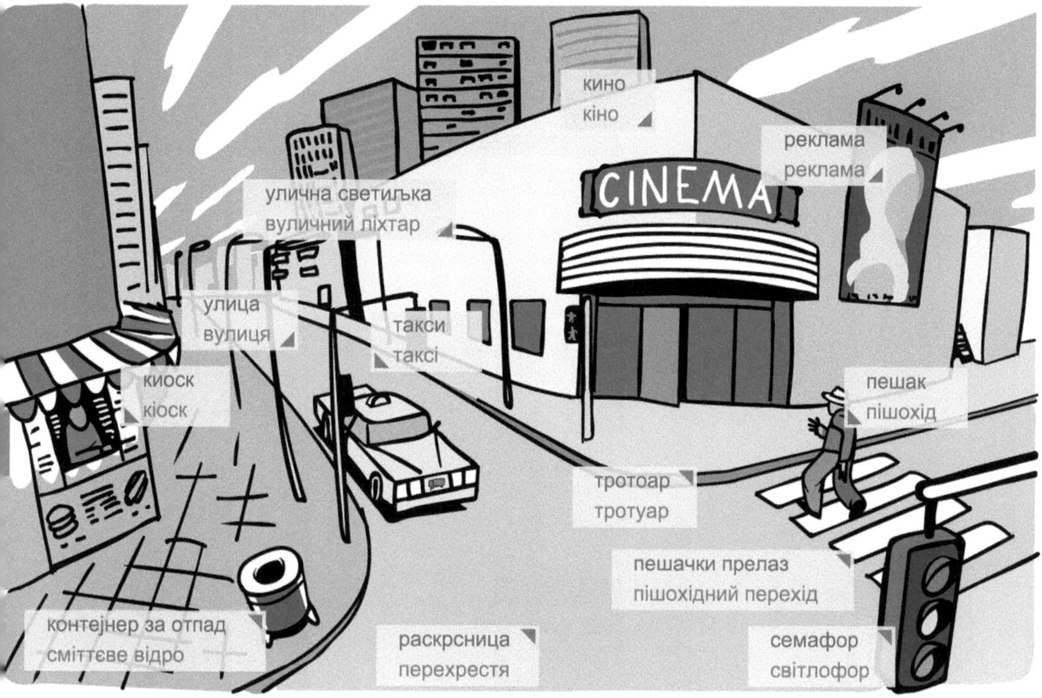

кино
кіно
реклама
реклама
CINEMA
улична светиљка
вуличний ліхтар
улица
вулиця
такси
таксі
киоск
кіоск
пешак
пішохід
тротоар
тротуар
пешачки прелаз
пішохідний перехід
контејнер за отпад
сміттєве відро
раскрсница
перехрестя
семафор
світлофор

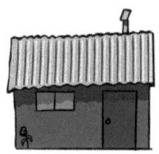

колиба

хатина

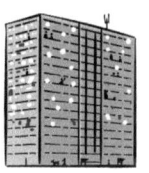

стан

квартира

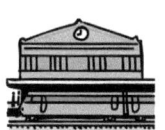

железничка станица

вокзал

већница

ратуша

MUSEUM

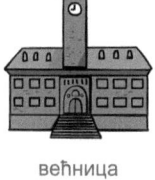

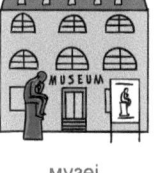

музеј

музей

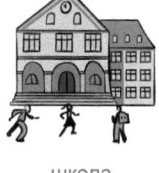

школа

школа

универзитет

університет

банка

банк

болница

лікарня

хотел

готель

апотека

аптека

канцеларија

офіс

књижара

книжковий магазин

продавница

магазин

цвећара

квітковий магазин

супермаркет

супермаркет

трг

ринок

робна кућа

універмаг

рибарница

торговець рибою

трговачки центар

торговельний центр

лука

гавань

парк

парк

клупа

лава

мост

міст

степенице

сходи

подземна железница

метро

тунел

тунель

аутобуска станица

автобусна зупинка

бар

бар

ресторан

ресторан

поштанско сандуче

поштова скринька

улични знак

вулична табличка

паркирни аутомат

лічильник паркування

зоолошки врт

зоопарк

базен

басейн

џамија

мечеть

сеоско газдинство

ферма

загађење околине

забруднення
навколишнього
середовища

гробље

кладовище

црква

церква

игралиште

дитячий майданчик

храм

храм

пејсаж
ландшафт

лист
листок

путоказ
вказівний стовп

пут
шлях

ливада
луг

камен
камінь

шетач
мандрівник

дрво
дерево

река
річка

трава
трава

цвет
квітка

долина

долина

планина

гора

језеро

озеро

шума

ліс

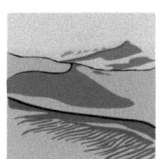

пустиња

пустеля

вулкан

вулкан

дворац

замок

дуга

веселка

гљива

гриб

палма

пальма

москито

комар

мува

муха

мрав

мурашка

пчела

бджола

паук

павук

пејсаж - ландшафт

15

буба

жук

жаба

жаба

веверица

вивірка

јеж

їжак

зец

заєць

сова

сова

птица

птах

лабуд

лебідь

дивља свиња

кабан

јелен

олень

лос

лось

насип

гребля

ветрењача

вітряк

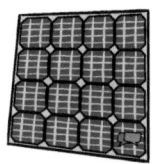

соларна плоча

сонячний модуль

клима

клімат

ресторан
ресторан

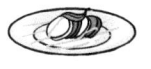

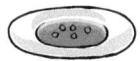

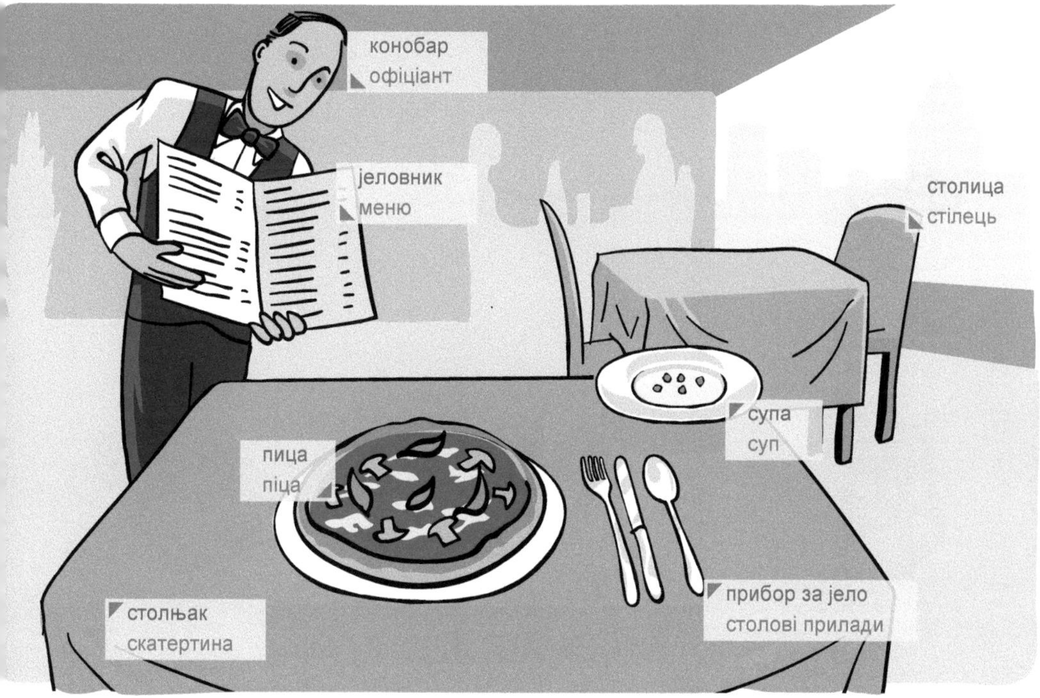
конобар
офіціант
јеловник
меню
столица
стілець
супа
суп
пица
піца
прибор за јело
столові прилади
столњак
скатертина

предјело

закуска

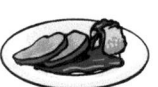

главно јело

друга страва

десерт

десерт

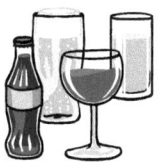

напитци

напої

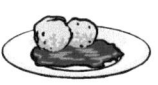

јело

їжа

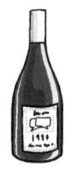

флаша

пляшка

брза храна

фаст-фуд

имбис храна

вулична їжа

чајник

чайник

доза за шећер

цукорниця

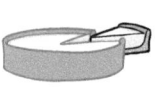

порција

порція

апарат за еспресо

еспресо-машина

висока столица

високий стільчик

рачун

рахунок

послужавник

піднос

нож

ніж

виљушка

вилка

кашика

ложка

чајна кашика

чайна ложка

салвета

серветка

чаша

склянка

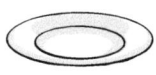

тањир

тарілка

тањир за супу

тарілка для супу

тањирић

блюдце

сос

соус

сољенка

солонка

млин за бибер

млин для перцю

сирће

оцет

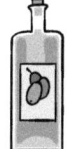

уље

масло

зачини

специї

кечап

кетчуп

сенф

гірчиця

мајонеза

майонез

супермаркет

супермаркет

понуда
пропозиція
FOR
купац
клієнт
млечни производи
молочні продукти
воће
фрукти
колица за куповину
візок для покупок

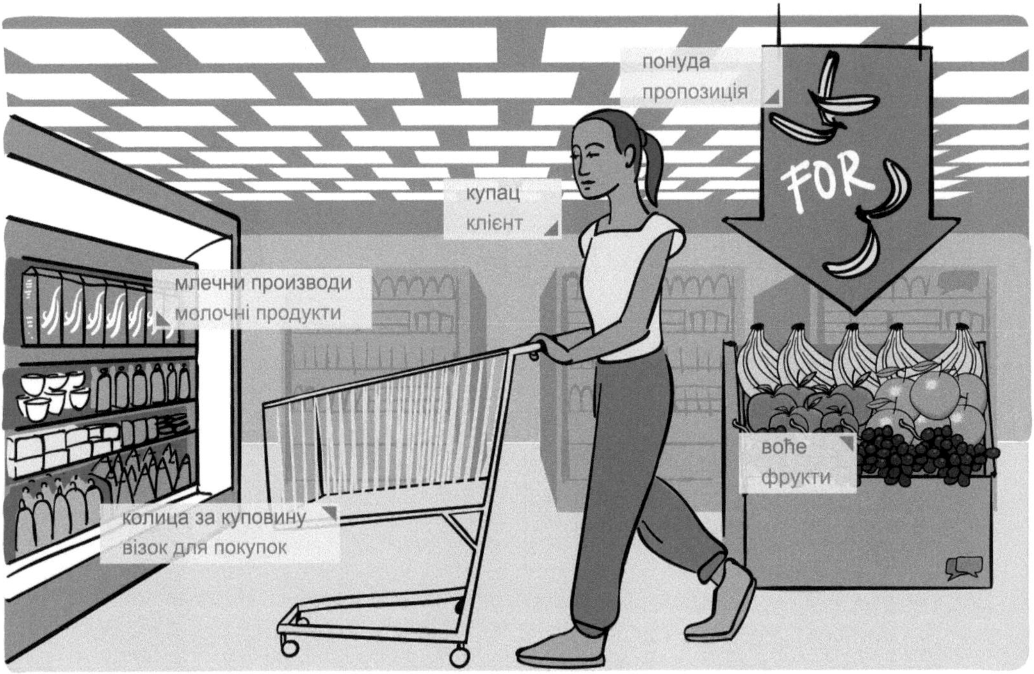

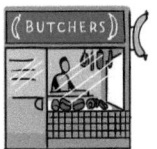

BUTCHERS

месница

м'ясний магазин

BAKERY

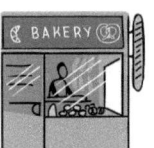

пекара

пекарня

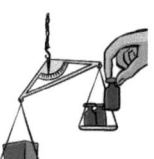

вагати

зважувати

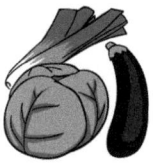

поврће

овочі

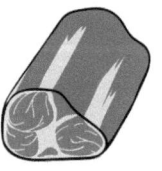

месо

м'ясо

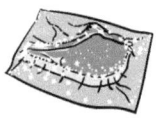

смрзнута храна

заморожені продукти

нарезак

ковбасна нарізка

конзерве

консерви

средство за прање

пральний порошок

слаткиши

солодощі

артикли за домаћинство

предмети домашнього побуту

средства за чишћење

мийний засіб

продавачица

продавщиця

благајна

каса

благајник

касир

листа за куповину

список покупок

време рада

часи роботи

новчаник

гаманець

кредитна картица

кредитна картка

торба

сумка

пластична кеса

поліетиленовий пакет

вода
вода

сок
сік

млеко
молоко

кола
кола

вино
вино

пиво
пиво

алкохол
алкоголь

какао
какао

чај
чай

кава
кава

еспресо
еспресо

капучино
капучіно

банана

банан

јабука

яблуко

наранџа

апельсин

лубеница

кавун

лимун

лимон

шаргарепа

морква

бели лук

часник

бамбус

бамбук

лук

цибуля

гљива

гриб

орашасти плодови

горішки

резанци

локшина

шпагете

спагеті

рижа

рис

салата

салат

помфрит

картопля фрі

печени крумпир

смажена картопля

пица

піца

хамбургер

гамбургер

сендвич

бутерброд

шницла

шніцель

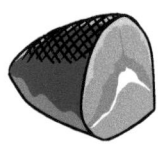

шунка

шинка

салама

салямі

кобасица

ковбаса

кокош

курка

печење

печеня

риба

риба

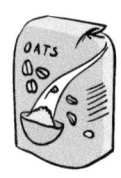

зобене пахуљице

вівсяні пластівці

мусли

мюслі

кукурузне пахуљице

кукурудзяні пластівці

брашно

борошно

кроасан

круасан

пециво

булочка

хлеб

хліб

тоаст

тостовий хліб

кекси

печиво

маслац

масло

свежи сир

сир

колач

пиріг

jaje

яйце

jaje на око

яєчня

сир

сир

сладолед

морозиво

шећер

цукор

мед

мед

мармелада

мармелад

нугат крема

нуга-крем

кари

карі

сеоско газдинство

ферма

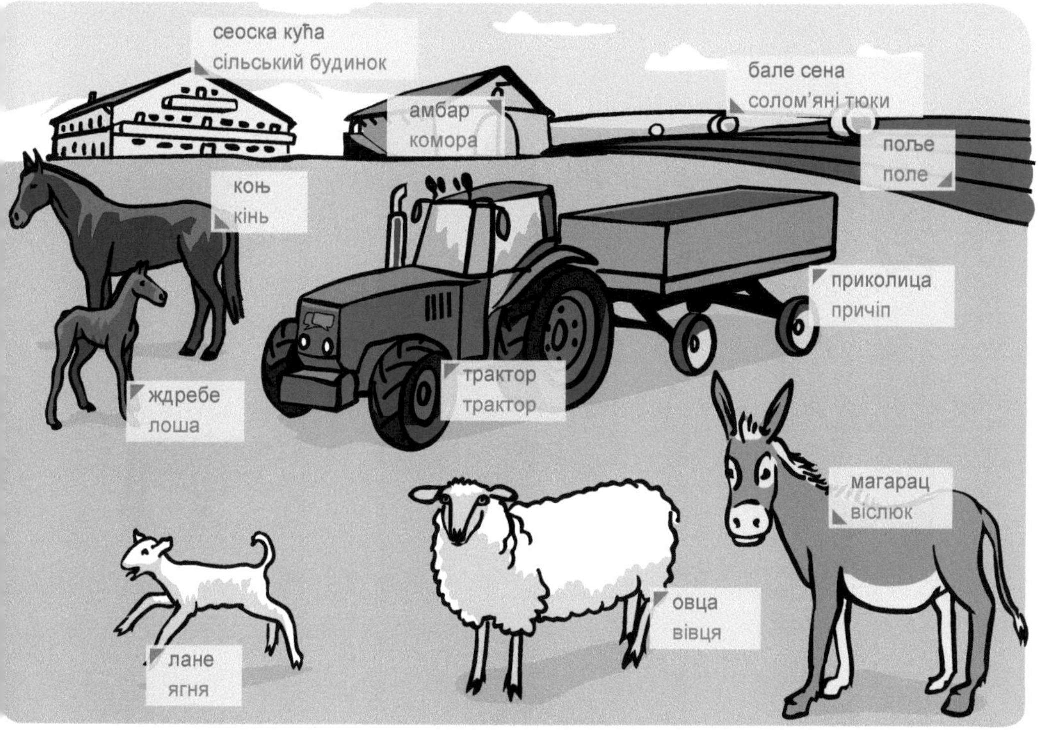

сеоска кућа
сільський будинок
амбар
комора
бале сена
солом'яні тюки
поље
поле
коњ
кінь
приколица
причіп
трактор
трактор
ждребе
лоша
магарац
віслюк
овца
вівця
лане
ягня

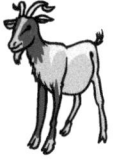

коза

коза

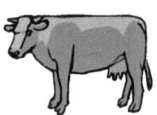

крава

корова

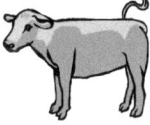

теле

теля

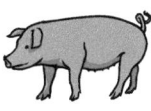

свиња

свиня

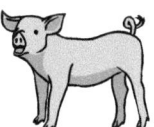

прасе

порося

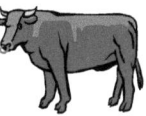

бик

бик

гуска

гусак

патка

качка

пилићи

курча

кокош

курка

петао

півень

пацов

щур

мачка

кіт

миш

миша

вол

віл

пас

собака

кућица за пса

собача будка

вртно црево

садовий шланг

канта за поливање

лійка

коса

коса

плуг

плуг

срп

серп

мотика

мотика

виљушка за ђубриво

вила

секира

сокира

тачке

тачка

корито

корито

посуда за млеко

бідон молока

врећа

мішок

ограда

паркан

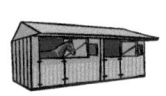

штала

хлів

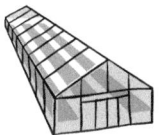

стакленик

теплиця

земља

ґрунт

семе

насіння

ђубриво

добриво

комбајн

комбайн

жети
....
пожинати

жетва
....
урожай

јамс зачин
....
корінь ямсу

пшеница
....
пшениця

соја
....
соя

крумпир
....
картопля

кукуруз
....
кукурудза

уљана репица
....
ріпак

воћка
....
плодове дерево

гомољ маниоке
....
маніок

житарице
....
злаки

куђа
дім

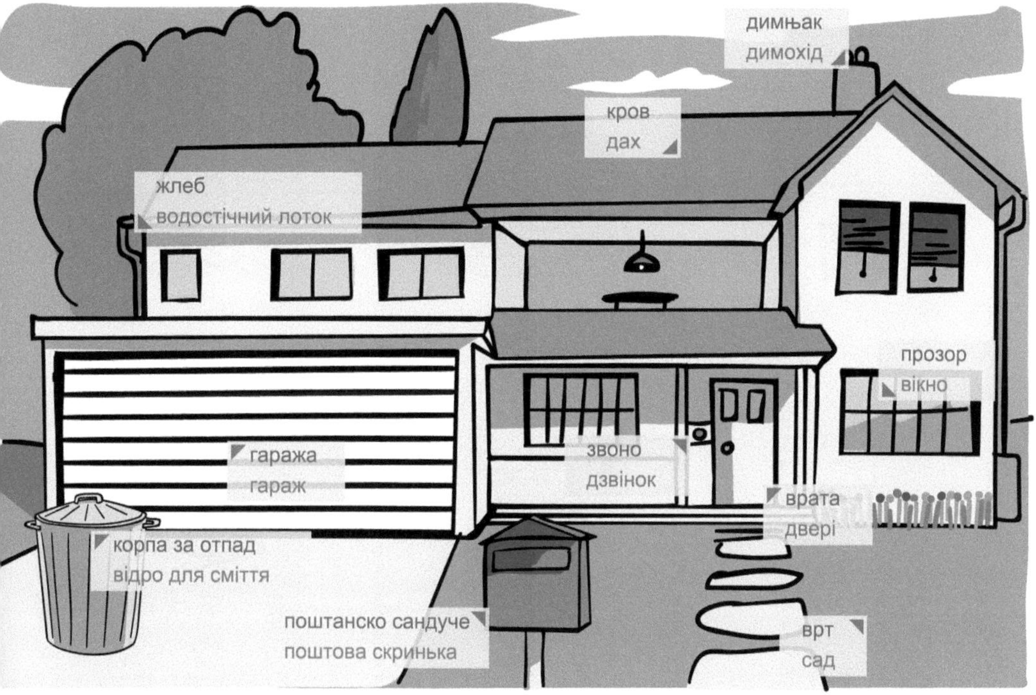
димњак
димохід
кров
дах
жлеб
водостічний лоток
прозор
вікно
гаража
гараж
звоно
дзвінок
врата
двері
корпа за отпад
відро для сміття
поштанско сандуче
поштова скринька
врт
сад

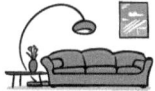

дневна соба

вітальня

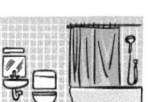

купаоница

ванна кімната

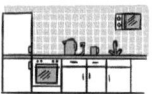

кухиња

кухня

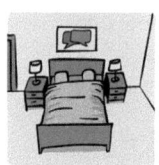

спаваћа соба

спальня

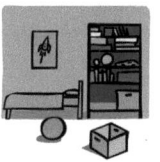

дечија соба

дитяча кімната

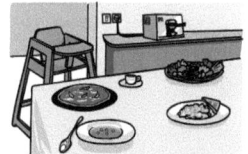

трпезарија

їдальня

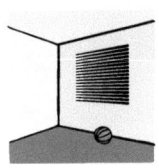

под

підлога

зид

стіна

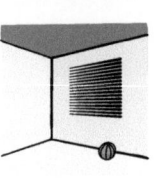

строп

стеля

подрум

підвал

сауна

сауна

балкон

балкон

тераса

тераса

базен

басейн

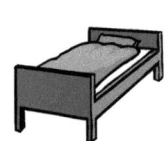

косилица за траву

косарка

постељина за кревет

простирало

дека за кревет

ковдра

кревет

ліжко

метла

мітла

канта

відро

прекидач

перемикач

дневна соба
вітальня

тапета
шпалери
слика
малюнок
светиљка
лампа
регал
поличка
ормар
шафа
телевизија
телевізор
камин
камін
цвет
квітка
јастук
подушка
кауч
диван
ваза
ваза
даљински управљач
пульт

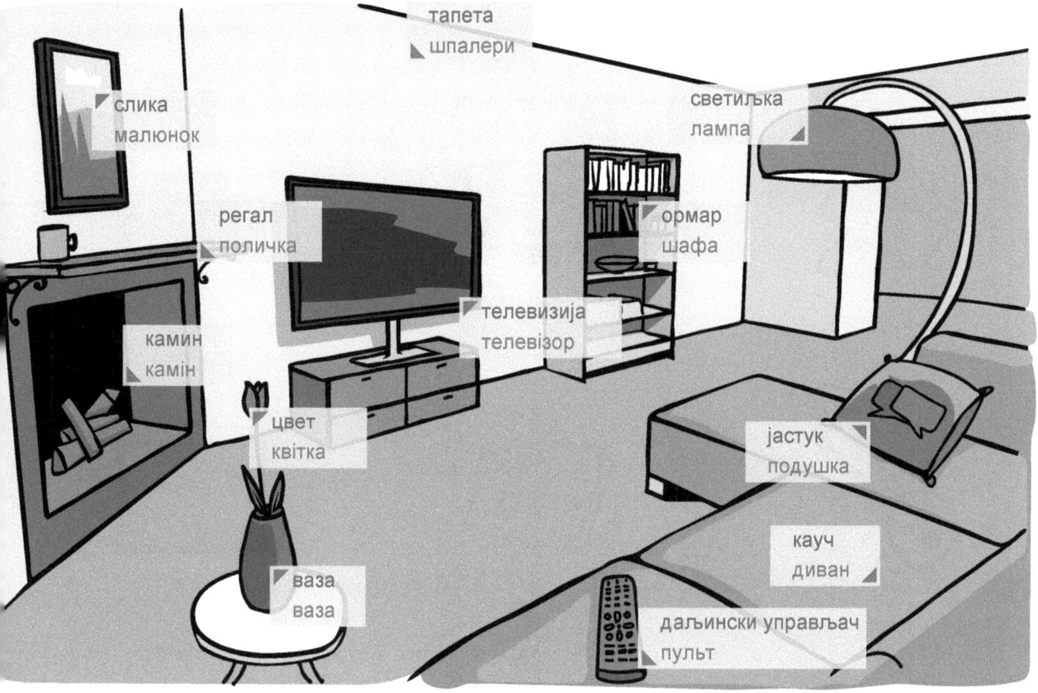

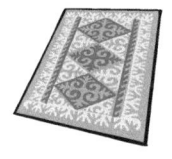

тепих

килим

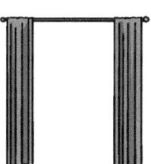

завеса

завіса

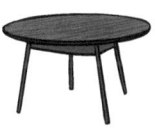

сто

стіл

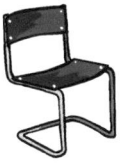

столица

стілець

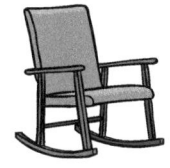

столица за њихање

крісло-гойдалка

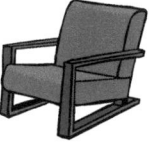

фотеља

крісло

књига

книга

дека

ковдра

декорација

прикраса

дрво за огрев

дрова

филм

фільм

хи-фи уређај

стереосистема

кључ

ключ

новине

газета

слика на платну

картина

постер

плакат

радио

радіо

блок за писање

блокнот

усисивач

пилосос

кактус

кактус

свећа

свічка

кухиња
кухня

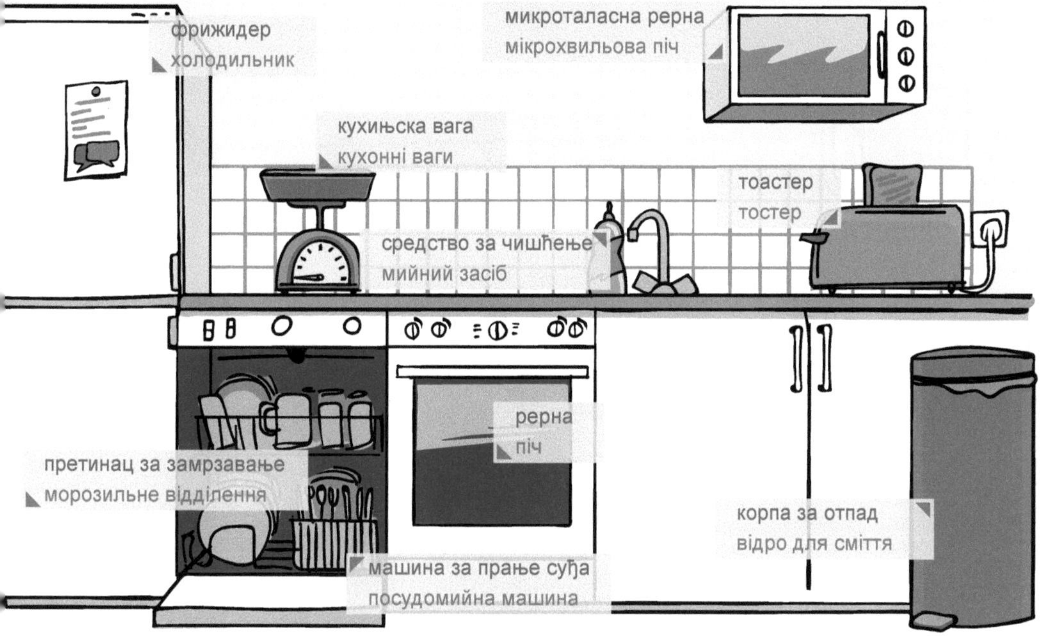
фрижидер
холодильник
микроталасна рерна
мікрохвильова піч
кухињска вага
кухонні ваги
тоастер
тостер
средство за чишћење
мийний засіб
рерна
піч
претинац за замрзавање
морозильне відділення
корпа за отпад
відро для сміття
машина за прање суђа
посудомийна машина

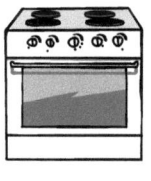

шпорет

плита

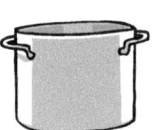

лонац

горщик

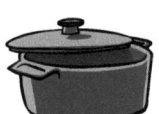

гвоздени лонац

чавунний горщик

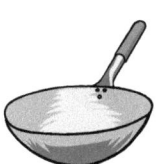

вок / кадаи

вок / кадай

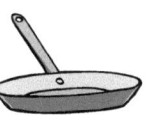

тава

сковорода

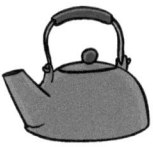

кувало за воду

чайник

кувало на пару

пароварка

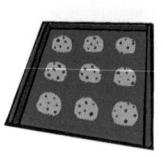

лим за печење

лист

посуђе

посуд

чаша

кухоль

посуда

чаша

штапићи за јело

палички для їжі

кутлача

черпак

лопатица

лопатка

пењача

вінчик для збивання

сито за кување

сито

сито

сито

рибеж

терка

мужар

ступка

роштиљ

барбекю

огњиште

багаття

даска
дошка

оклагија
качалка

вадичеп
штопор

конзерва
конзерва

отварач конзерви
відкривачка

крпа за лонац
прихватки

судопер
раковина

четка
щітка

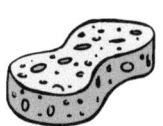

сунђер
губка

миксер
міксер

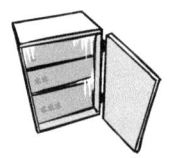

замрзивач
морозильна камера

флашица за бебе
дитяча пляшка

славина за воду
кран

купаоница

ванна кімната

туш
душ
грејање
опалення
пешкир
рушник
завеса за туш
душова завіса
пенушава купка
піниста ванна
када
ванна
чаша
склянка
машина за прање веша
пральна машина
славина за воду
кран
плочице
плитка
тута
горшок
судопер
раковина

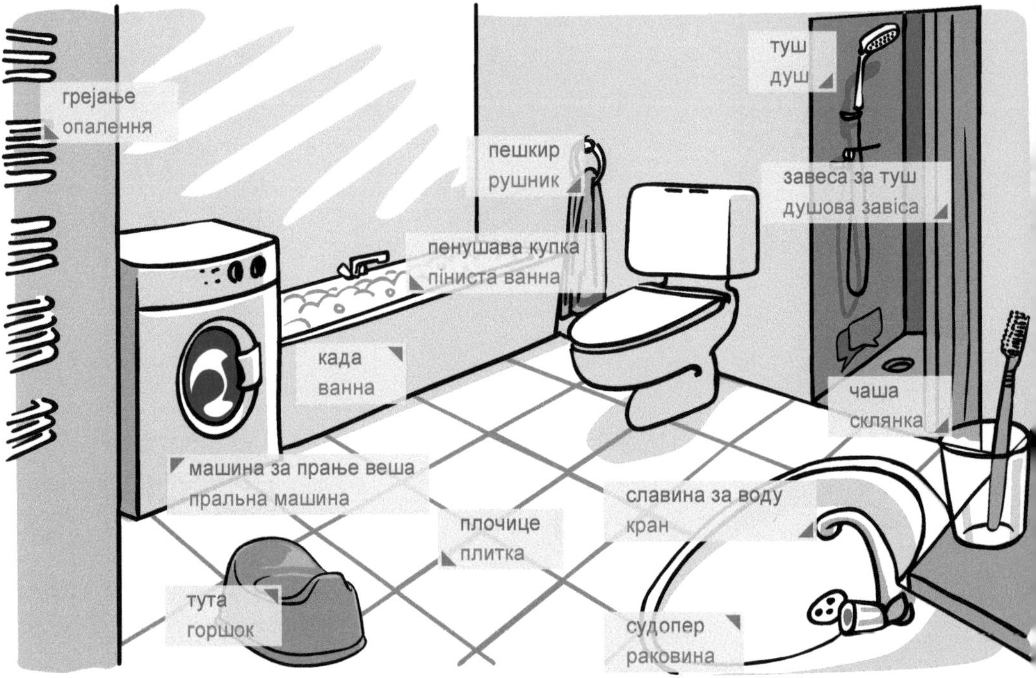

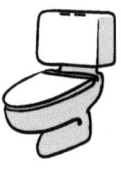

тоалет

туалет

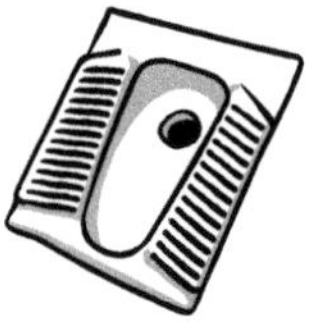

чучавац

підлоговий туалет

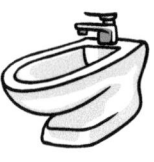

бидет

біде

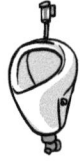

писоар

пісуар

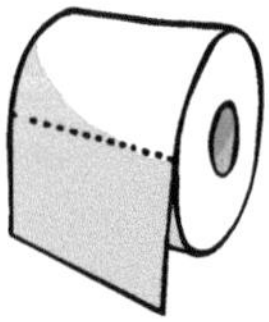

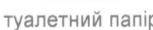

тоалетни папир

туалетний папір

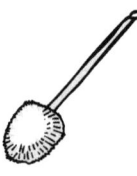

четка за тоалет

щітка для туалету

четкица за зубе

зубна щітка

паста за зубе

зубна паста

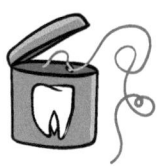

конац за зубе

нитка для чищення зубів

прати

мити

туш ручица

ручний душ

туш за прање интимних делова

інтимний душ

лавор

таз

четка за прање леђа

щітка для спини

сапун

мило

гел за туширање

гель для душу

шампон

шампунь

крпа за прање

мочалка

одвод

водостік

крема

крем

дезодоранс

дезодорант

огледало
дзеркало

козметичко огледало
косметичне дзеркало

бријач
бритва

пена за бријање
піна для гоління

лосион за после бријања
лосьйон після гоління

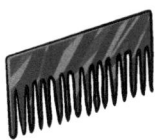

чешаљ
гребінь

четка
щітка

фен за косу
фен

спреј за косу
лак для волосся

шминка
косметика

руж за усне
губна помада

лак за нокте
лак для нігтів

вата
вата

маказе за нокте
ножиці для нігтів

парфем
парфум

козметичка торбица

косметичка

столица

табурет

вага

ваги

огртач

халат

рукавице за чишћење

гумові рукавички

тампон

тампон

уложак

гігієнічні прокладки

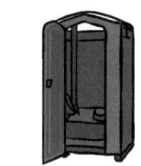

хемијски тоалет

біотуалет

дечија соба

дитяча кімната

будилник
будильник
плишана играчка
м'яка іграшка
ауто играчка
іграшковий автомобіль
звечка
брязкальце
кућица за лутке
ляльковий будиночок
поклон
подарунок

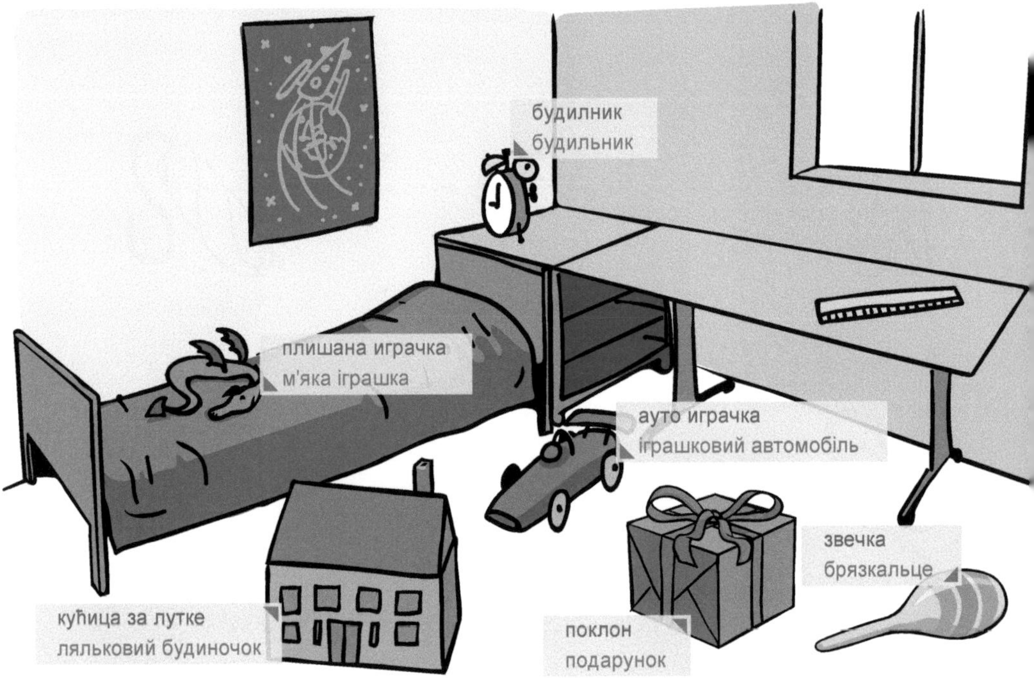

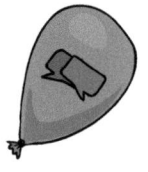

балон

повітряна кулька

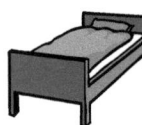

кревет

ліжко

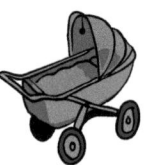

дјечија колица

дитячий візок

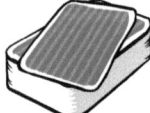

игра са картама

картярська гра

слагалица

пазл

SUPER
MEGA

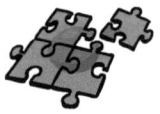

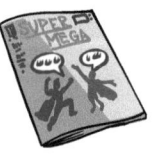

стрип

комікс

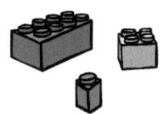

лего коцкице

лего цеглинки

коцкице за слагање

блоки

акциони јунак

играшкова фігурка

бенкица за бебе

повзунки

фризби

фризбі

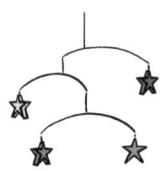

висеће играчке

мобіле

друштвене игре

настільна гра

коцка

кубик

минијатурна жељезница

модель залізнична станція

дуда

соска

забава

вечірка

сликовница

книжка з картинками

лопта

м'яч

лутка

лялька

играти

грати

пешчаник

пісочниця

љуљачка

гойдалка

играчка

іграшка

конзола за игре

гральна консоль

трицикл

триколісний велосипед

теди

плюшевий мішка

ормар

шафа

одећа

одяг

кратке чарапе

шкарпетки

чарапе

панчохи

хулахопке

колготки

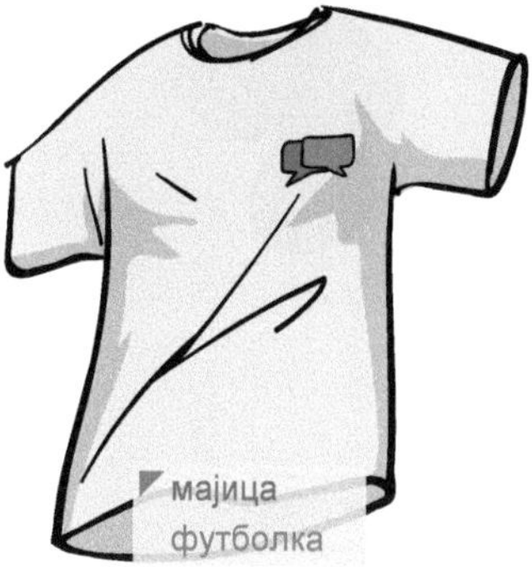

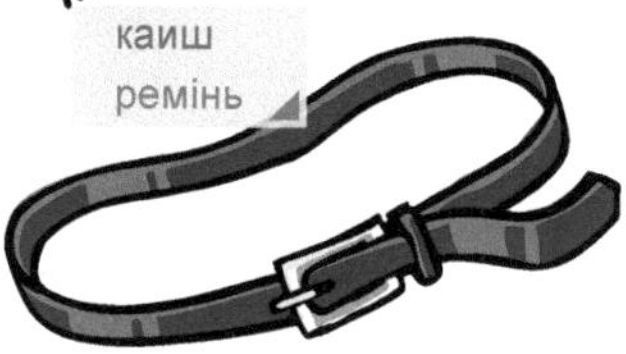

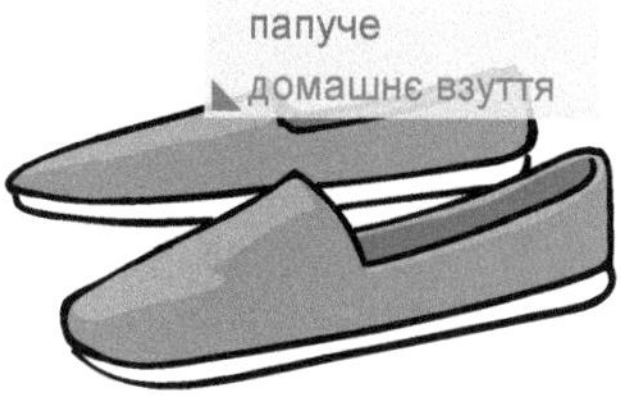

шал
шарф

каиш
ремінь

кишобран
парасоля

майица
футболка

чизме
чоботи

папуче
домашнє взуття

патике
кросівки

сандале
....
сандалі

ципеле
....
взуття

гумене чизме
....
гумові чоботи

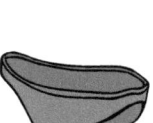

гаћице
....
труси

грудњак
....
бюстгальтер

поткошуља
....
нижня сорочка

боди

бодi

панталоне

штани

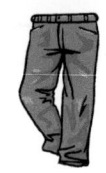

фармерке

джинси

сукња

спідниця

блуза

блузка

кошуља

сорочка

џемпер

пуловер

џемпер с капуљачом

светр

сако

піджак

јакна

куртка

мантил

пальто

кабаница

дощовик

костим

костюм

хаљина

сукня

венчаница

весільна сукня

одело

костюм

спаваћица

нічна сорочка

пиџама

піжама

сари

сарі

марама за главу

головна хустка

турбан

чалма

бурка

бурка

кафтан

кафтан

абаја

абая

купаћи костим

купальник

купаће гаћице

плавки

кратке панталоне

шорти

одећа за тренинг

тренувальний костюм

кецеља

фартух

рукавице

рукавички

дугме

гудзик

наочаре

окуляри

наруквица

браслет

огрлица

ланцюг

прстен

кільце

наушница

сережка

капа

шапка

вешалица

плічка

шешир

капелюх

кравата

краватка

патент затварач

застібка-блискавка

кацига

шолом

нараmenice

підтяжки

школска униформа

шкільна форма

униформа

уніформа

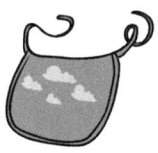

подбрадак

нагрудник

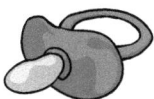

дуда

соска

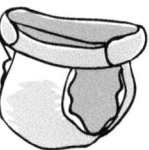

пелена

підгузок

канцеларија

офіс

сервер
сервер
ормар за списе
шаф для документів
штампач
принтер
папир
папір
монитор
монітор
писаћи стол
письмовий стіл
миш
миша
мапа
папка
тастатура
синтезатор
кошара за папир
кошик для паперу
компјутер
комп'ютер
столица
стілець

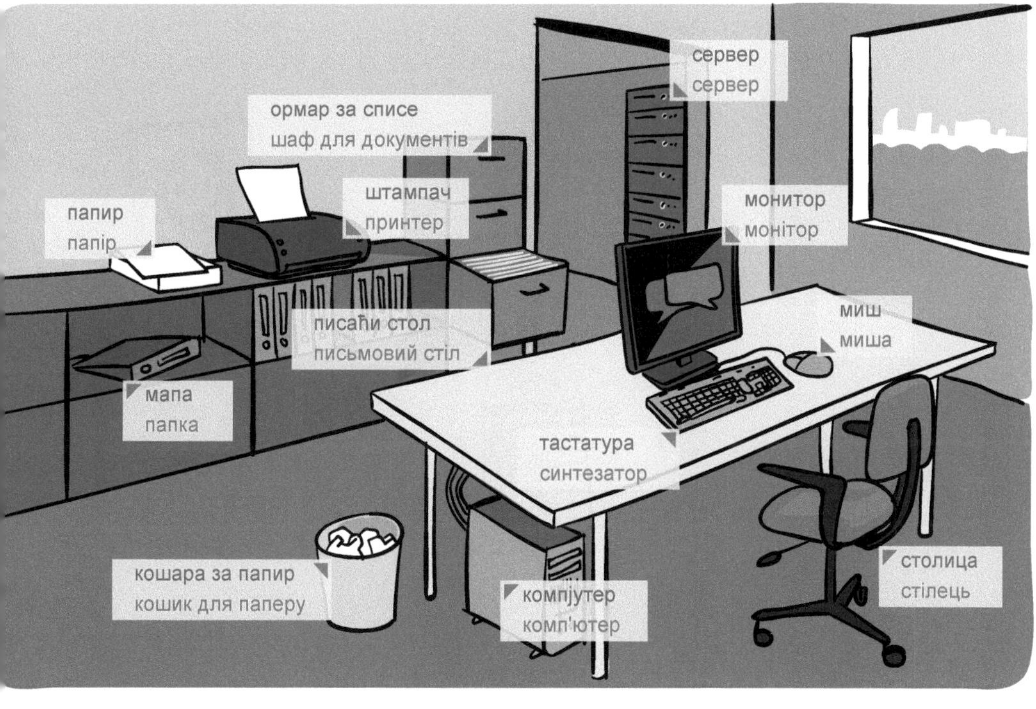

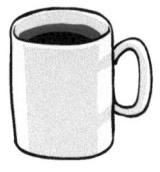

шалица за каву

кавовий кухоль

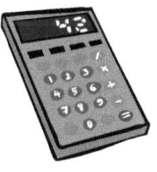

калкулатор

калькулятор

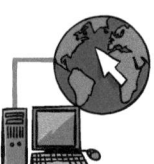

интернет

інтернет

лаптоп

ноутбук

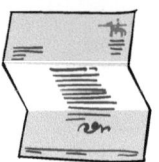

писмо

лист

порука

повідомлення

мобилни телефон

мобільний телефон

мрежа

мережа

уређај за копирање

копіювальний пристрій

софтвер

програмне забезпечення

телефон

телефон

утичница

розетка

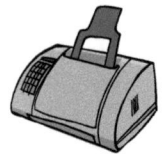

факс

факс

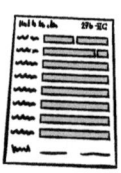

формулар

бланк

документ

документ

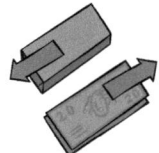

купувати
....
купувати

платити
....
платити

трговати
....
торгувати

новац
....
гроші

долар
....
долар

евро
....
євро

јен
....
ієна

рубља
....
рубль

швајцарски франак
....
франк

ренминдби јуан
....
юанів женьміньбі

рупија
....
рупія

аутомат за новац
....
банкомат

мењачница

обмінний пункт

злато

золото

сребро

срібло

нафта

нафта

енергија

енергія

цена

ціна

уговор

контракт

порез

податок

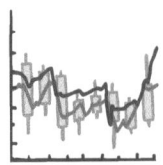

деонице

акція

радити

працювати

службеник

працівник

послодавац

роботодавець

фабрика

фабрика

продавница

магазин

занимања
професії

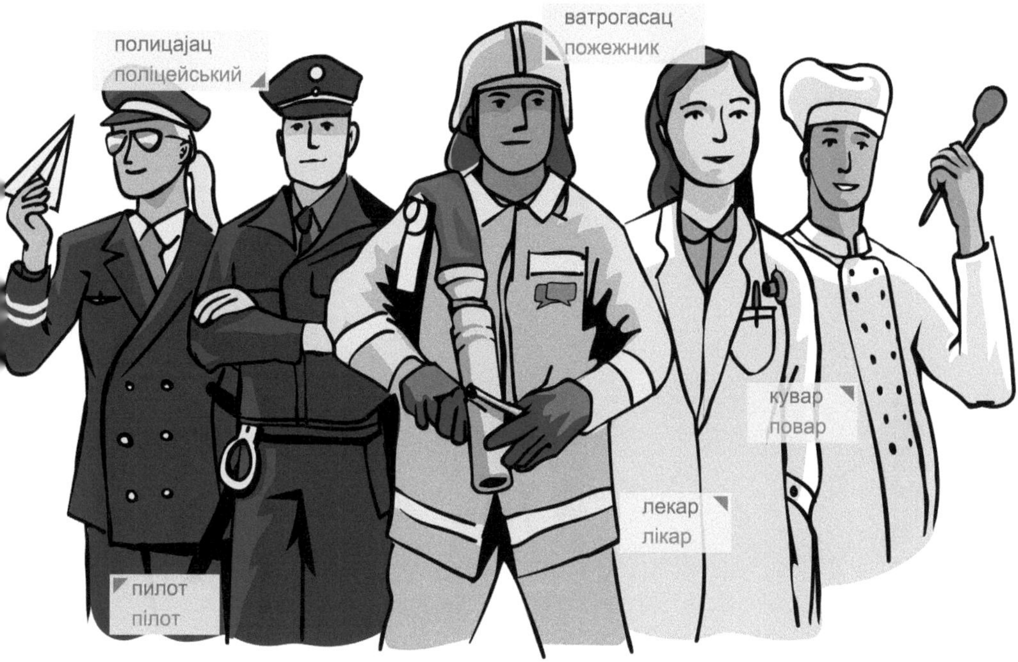
полицајац
поліцейський
ватрогасац
пожежник
кувар
повар
лекар
лікар
пилот
пілот

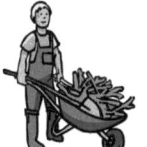

вртлар
садівник

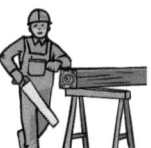

столар
столяр

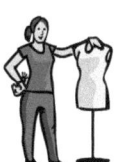

кројачица
швачка

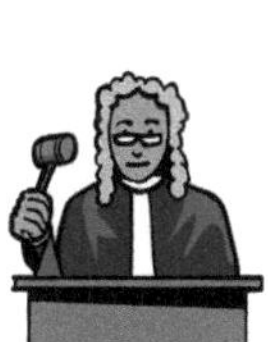

судија
суддя

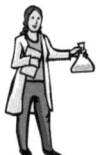

хемичар
хімік

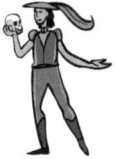

глумац
актор

возач аутобуса

водій автобуса

возач таксија

таксист

рибар

рибалка

чистачица

прибиральниця

кровопокривач

покрівельник

конобар

офіціант

ловац

мисливець

сликар

художник

пекар

пекар

електричар

електрик

грађевински радник

будівельник

инжењер

інженер

месар

забійник

лимар

бляхар

поштар

листоноша

војник

солдат

архитекта

архітектор

благајник

касир

цвећар

флорист

фризер

перукар

кондуктер

кондуктор

механичар

механік

капетан

капітан

зубар

дантист

научник

вчений

раби

рабин

имам

імам

монах

монах

свећеник

пастор

алати

інструменти

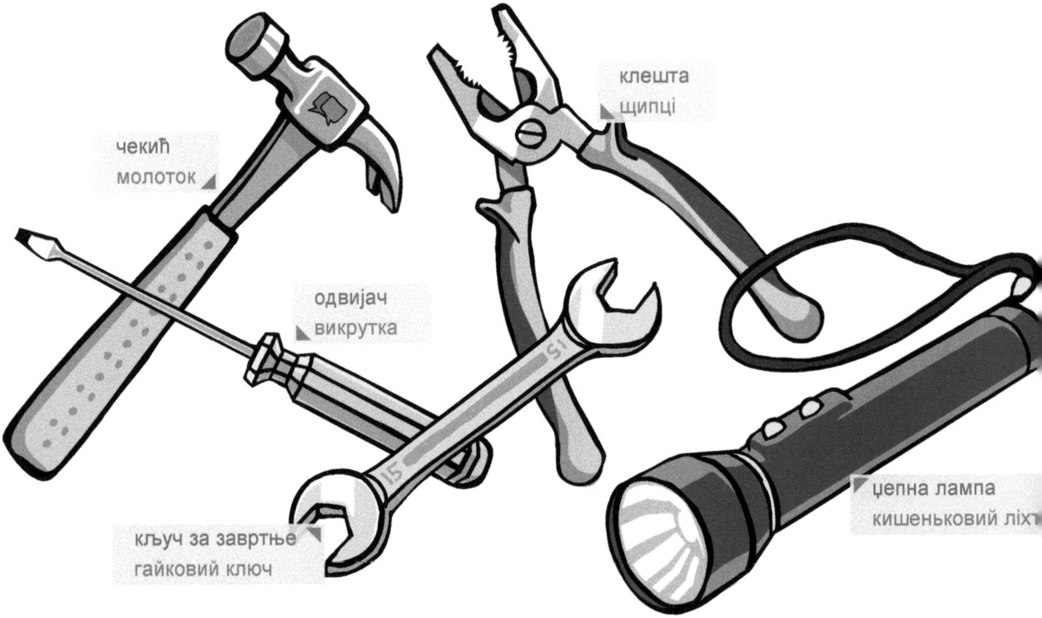

чекић
молоток
клешта
щипці
одвијач
викрутка
кључ за завртње
гайковий ключ
џепна лампа
кишеньковий ліхт

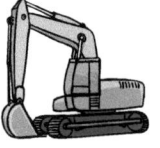

багер

екскаватор

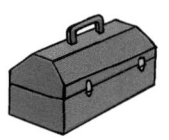

кутија за алат

ящик для інструментів

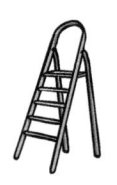

мердевине

драбина

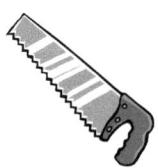

пила

пилка

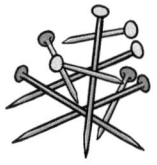

ексер

цвяхи

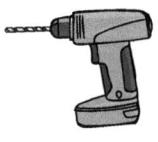

бушилица

свердло

поправити
ремонтувати

лопата
лопата

до ђавола!
лайно!

лопатица
совок

лонац за боју
відро з фарбою

завртањи
гвинти

музички инструмент
музичні інструменти

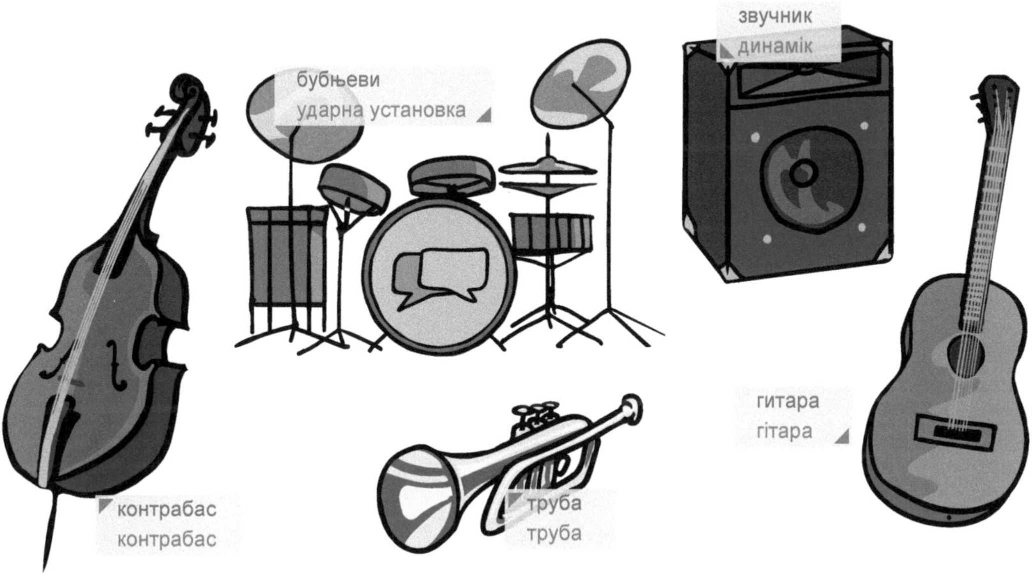

бубњеви
ударна установка ◢

звучник
динамік

◣ контрабас
контрабас

труба
труба

гитара
гітара ◢

клавир

фортепіано

виолина

скрипка

бас

бас

тимпани

литаври

удараљке за бубњеве

барабан

типке клавира

клавіатура

саксофон

саксофон

флаута

флейта

микрофон

мікрофон

зоолошки врт

зоопарк

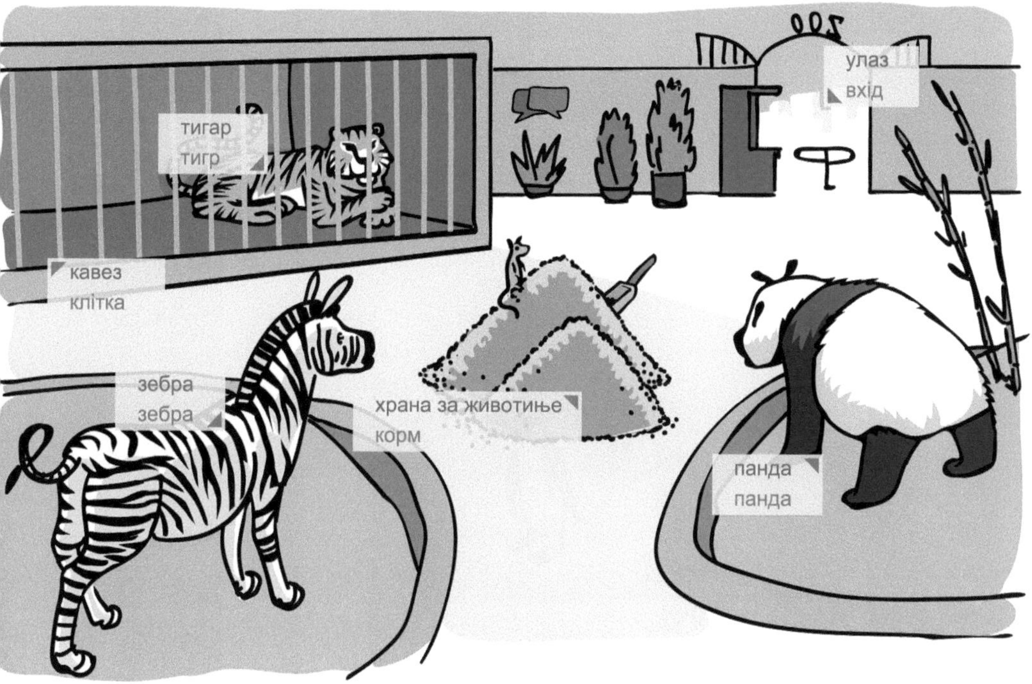

улаз
вхід
тигар
тигр
кавез
клітка
зебра
зебра
храна за животиње
корм
панда
панда

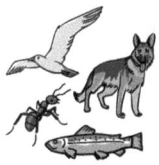

животиње

тварини

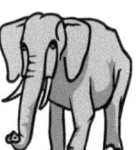

слон

слон

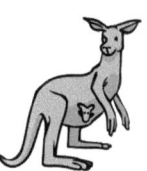

кенгур

кенгуру

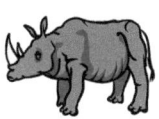

носорог

носоріг

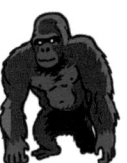

горила

горила

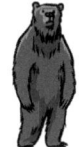

медвед

ведмідь

камила

верблюд

нoj

страус

лав

лев

маjмун

мавпа

фламинго

фламінго

папагаj

папуга

поларни медвед

білий ведмідь

пингвин

пінгвін

аjкула

акула

паун

павич

змиjа

змія

крокодил

крокодил

чувар у зоолошком врту

працівник зоопарку

туљан

тюлень

jаrуар

ягуар

пони

поні

леопард

леопард

нилски коњ

гіпопотам

жирафа

жираф

орао

орел

дивља свиња

кабан

риба

риба

корњача

черепаха

морж

морж

лисица

лисиця

газела

газель

зоолошки врт - зоопарк

амерички ногомет
американський футбол

бициклизам
їзда на велосипеді

тенис
теніс

кошарка
баскетбол

пливање
плавання

бокс
бокс

хокеј на леду
хокей

фудбал
футбол

бадминтон
бадмінтон

атлетика
легка атлетика

рукомет
гандбол

скијање
лижні перегони

поло
поло

активности

дії

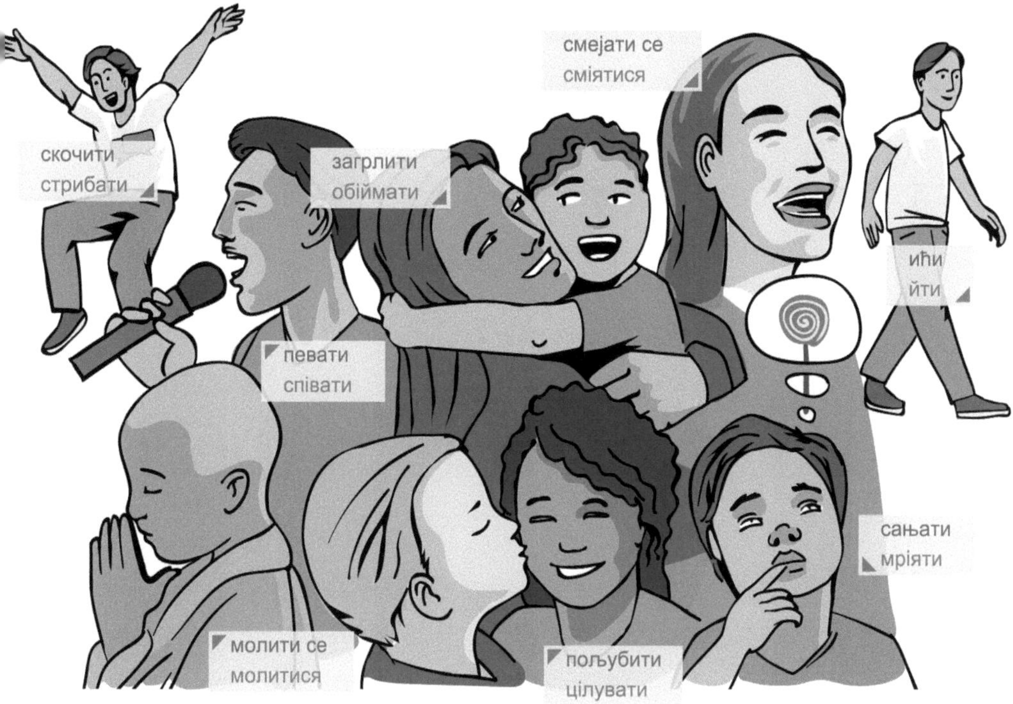

смејати се
сміятися
скочити
стрибати
загрлити
обіймати
ићи
йти
певати
співати
сањати
мріяти
молити се
молитися
пољубити
цілувати

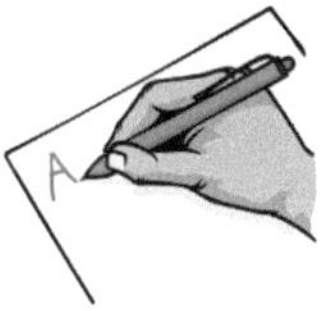

писати

писати

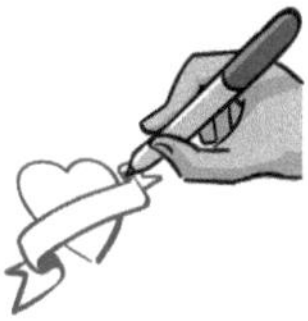

цртати

малювати

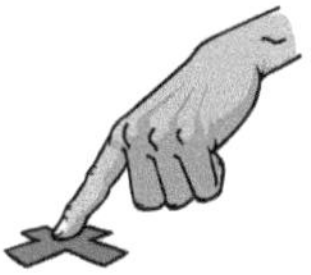

показати

показувати

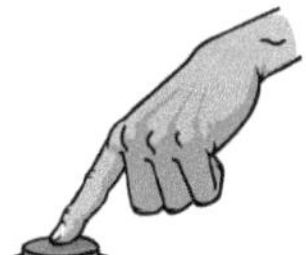

гурати

тиснути

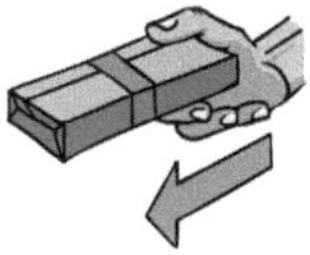

дати

давати

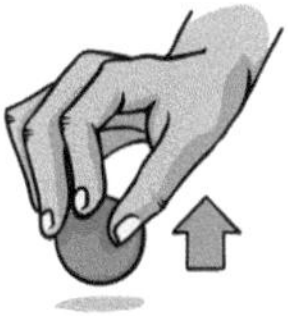

узети

брати

имати

мати

чинити

робити

бити

бути

стоjати

стояти

трчати

бігати

повлачити

тягнути

бацити

кидати

падати

падати

лежати

лежати

чекати

очікувати

носити

носити

седити

сидіти

облачити

одягати

спавати

спати

пробудити се

просипатися

гледати

дивитися

плакати

плакати

миловати

гладити

чешљати

розчісувати

говорити

розмовляти

разумети

розуміти

питати

питати

слушати

слухати

пити

пити

јести

їсти

поспремити

прибирати

волети

любити

кухати

варити

возити

їхати

летети

літати

пловити
....
йти під вітрилом

рачунати
....
рахувати

читати
....
читати

учити
....
вчитися

радити
....
працювати

венчати се
....
одружуватися

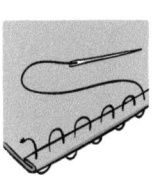

шити
....
шити

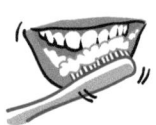

прати зубе
....
чистити зуби

убити
....
убивати

пушити
....
курити

послати
....
посилати

породица
сім'я

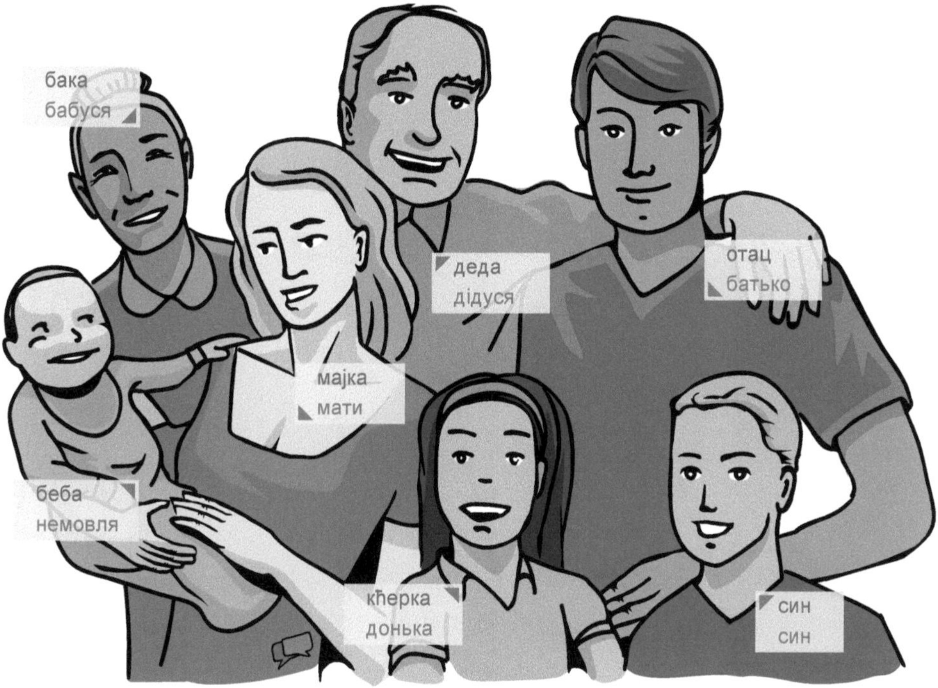

бака
бабуся
деда
дідуся
отац
батько
мајка
мати
беба
немовля
кћерка
донька
син
син

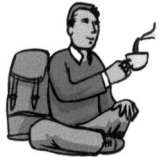

гост
гість

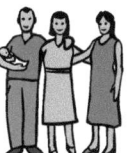

тетка
тітка

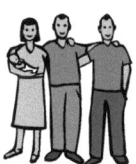

ујак, стриц
дядько

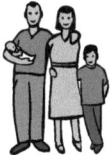

брат
брат

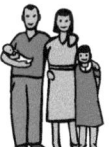

сестра
сестра

тело

тіло

чело
чоло
око
око
раме
плече
прст
палець
лице
обличчя
брада
підборіддя
рука
кисть
нога
нога
груди
груди
рука
рука

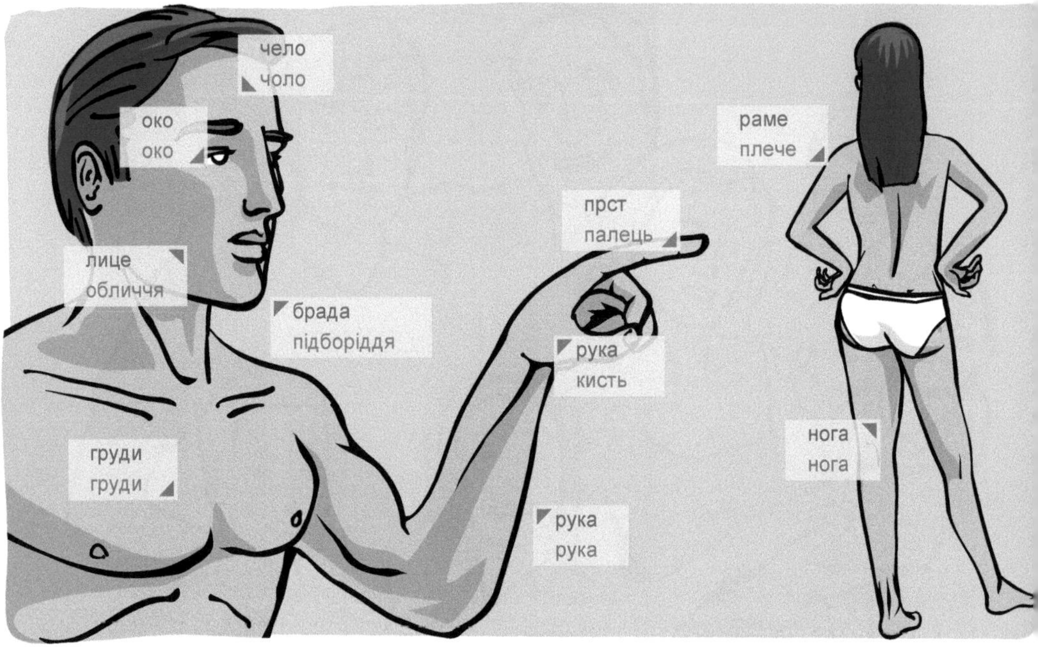

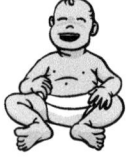

беба
немовля

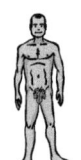

мушкарац
чоловік

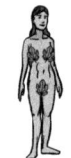

жена
жінка

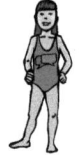

девојчица
дівчина

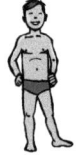

дечак
хлопчик

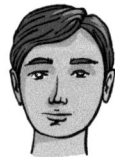

глава
голова

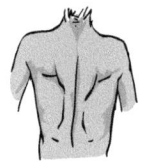

леђа

спина

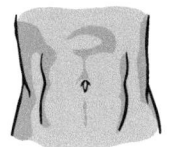

стомак

живіт

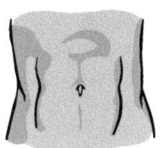

пупак

пуп

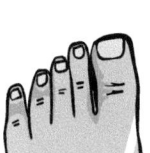

ножни прст

палець ноги

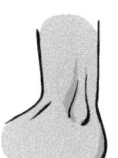

пета

п'ята

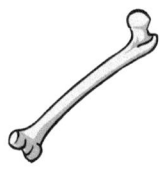

кост

кістка

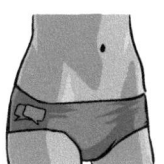

кукови

стегно

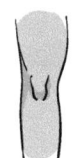

колено

коліно

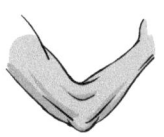

лакат

лікоть

нос

ніс

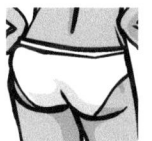

задњица

сідниці

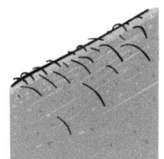

кожа

шкіра

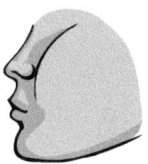

образ

щока

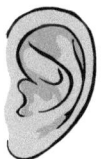

уво

вухо

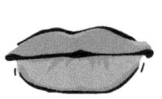

усна

губа

тело - тіло

уста
рот

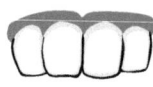

зуб
зуб

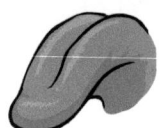

језик
язик

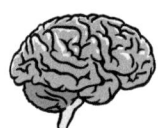

мозак
мозок

срце
серце

мишић
м'яз

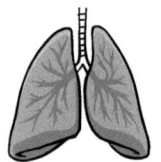

плућа
легені

јетра
печінка

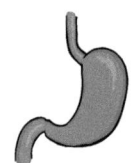

желудац
шлунок

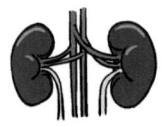

бубрези
нирки

полни однос
статевий акт

кондом
презерватив

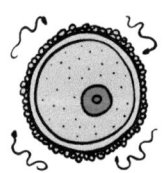

јајна ћелија
яйцеклітина

сперма
сперма

трудноћа
вагітність

тело - тіло

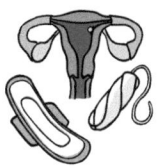

менструација
менструација

вагина
вагіна

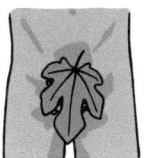

пенис
пеніс

обрва
брова

коса
волосся

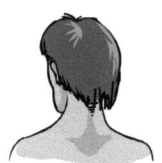

врат
шия

болница

лікарня

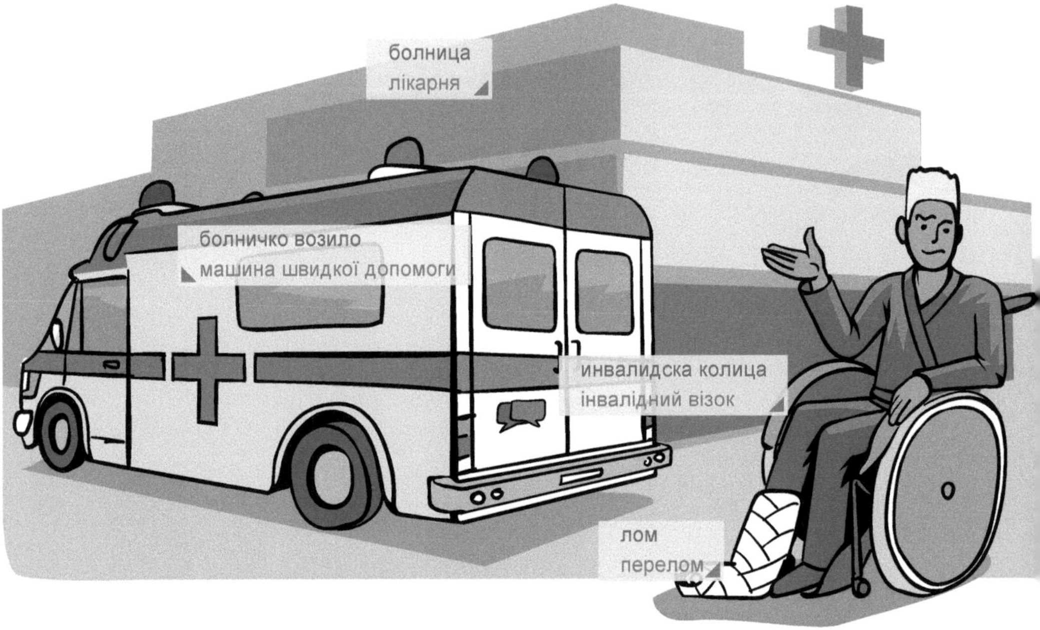

болница
лікарня
болничко возило
машина швидкої допомоги
инвалидска колица
інвалідний візок
лом
перелом

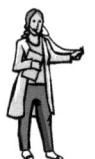

лекар

лікар

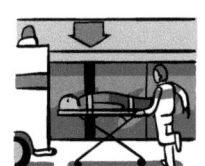

хитна медицинска служба

відділення швидкої медичної допомоги

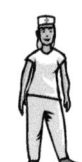

медицинска сестра

медсестра

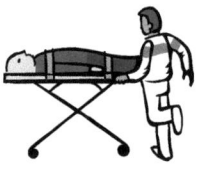

хитни случај

аварійний випадок

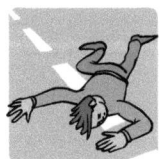

несвест

непритомний

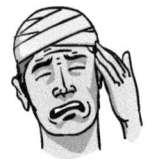

бол

біль

повреда

травма

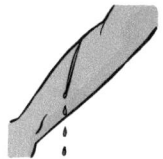

крварење

кровотеча

срчани удар

інфаркт

удар

інсульт

алергија

алергія

кашаљ

кашель

грозница

лихоманка

грипа

грип

пролив

пронос

главобоља

головна біль

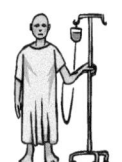

рак

рак

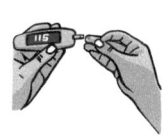

дијабетес

діабет

хирург

хірург

скалпел

скальпель

операција

операція

цт
КТ

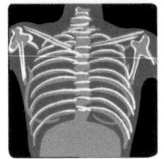

рентген
рентген

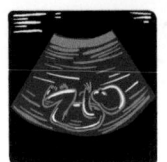

ултразвук
ультразвук

маска
маска

болест
хвороба

чекаона
зал очікування

штака
милиця

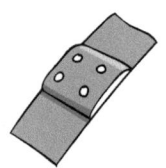

фластер
пластир

завој
пов'язка

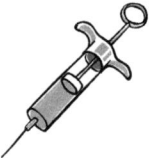

ињекција
ін'єкція

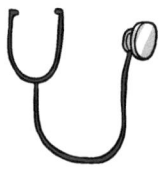

стетоскоп
стетоскоп

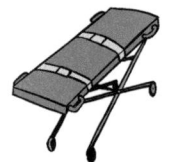

носила
ноші

термометар
термометр

рођење
народження

прекомерна тежина
надмірна вага

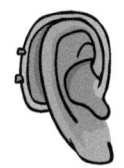

слушни апарат

слуховий апарат

средство за дезинфекцију

дезінфікуючий засіб

инфекција

інфекція

вирус

вірус

хив / аидс

ВІЛ / СНІД

медицина

медицина

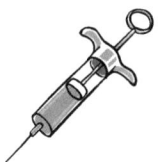

вакцинација

вакцинація

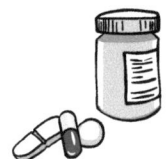

таблете

таблетки

пилула

протизаплідна пігулка

хитни позив

екстрений виклик

уређај за мерење притиска

тонометр

болесно / здраво

хворий / здоровий

помоћ!

Допоможіть!

насртај

напад

напад

атака

опасност

небезпека

излаз у случају нужде

аварійний вихід

пожар!

Вогонь!

противпожарни апарат

вогнегасник

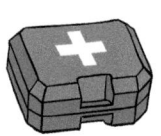

незгода

аварія

кутија прве помоћи

аптечка

сос

СОС

полиција

поліція

Европа

Європа

Северна Америка

Північна Америка

Јужна Америка

Південна Америка

Африка

Африка

Азија

Азія

Аустралија

Австралія

Атлантик

Атлантика

Пацифик

Тихий океан

Индијски океан

Індійський океан

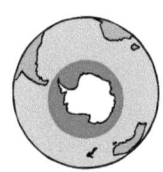

Антарктички океан

Антарктичний океан

Арктички океан

Північний Льодовитий океан

Северни рол

Північний полюс

Јужни рол

Південний полюс

Антарктик

Антарктика

земља

Земля

земља

суша

море

море

оток

острів

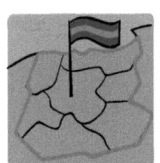

нација

нація

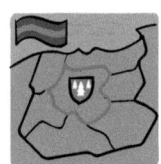

држава

держава

бројчаник сата

циферблат

сатна казаљка

годинникова стрілка

минутна казаљка

хвилинна стрілка

секундна казаљка

секундна стрілка

Колико је сати?

Котра година?

дан

день

време

час

сада

зараз

дигитални сат

цифровий годинник

минута

хвилина

час

година

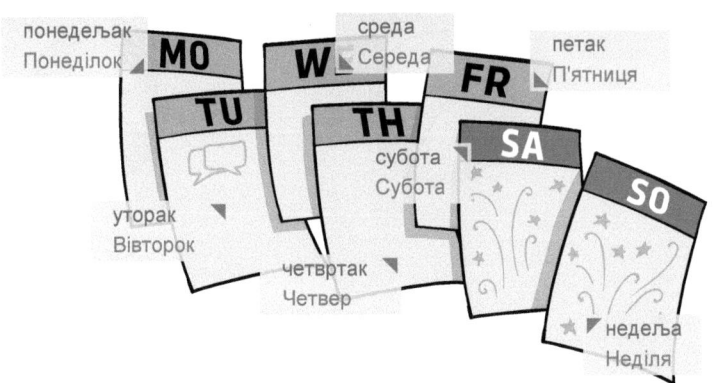

понедељак
Понеділок

MO

среда
Середа

W

петак
П'ятниця

FR

TU

TH

SA

SO

уторак
Вівторок

четвртак
Четвер

субота
Субота

недеља
Неділя

јуче

вчора

данас

сьогодні

сутра

завтра

јутро

ранок

подне

опівдні

вече

вечір

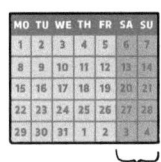

радни дани

робочі дні

викенд

кінець робочого тижня

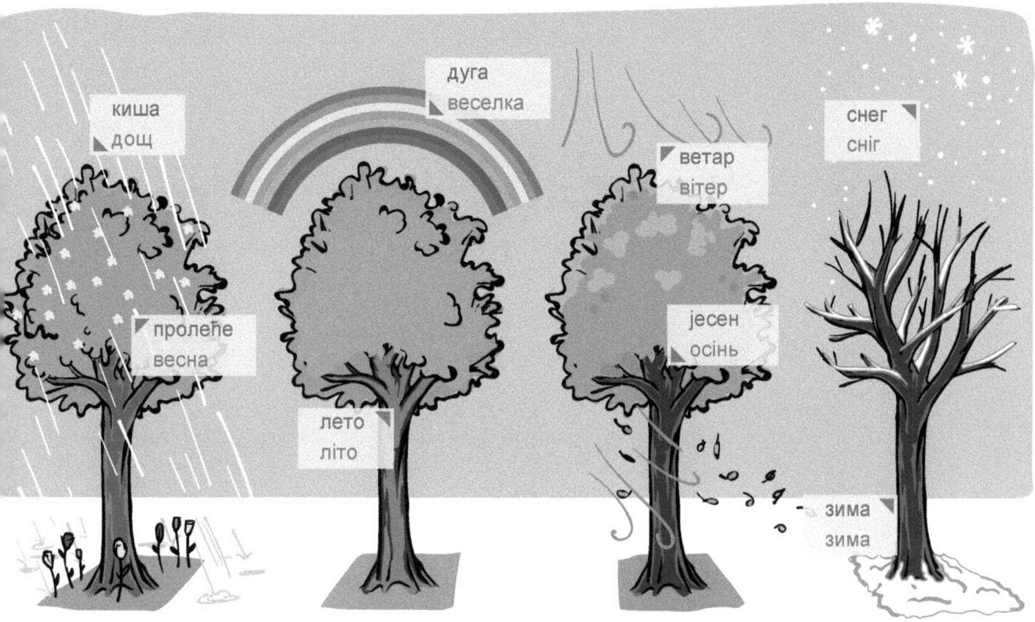

киша
дощ
дуга
веселка
ветар
вітер
снег
сніг
пролеће
весна
јесен
осінь
лето
літо
зима
зима

4.APRIL 11°
5.APRIL 4°
6.APRIL 13°
7.APRIL 8°
8.APRIL 10°

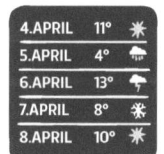

метеоролошка прогноза

прогноз погоди

F C
120 40
90 30
60 20
30 10
0 0
-30 -10
-20

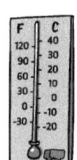

термометар

термометр

сунчана светлост

сонячне світло

облак

хмара

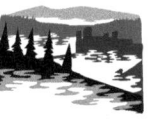

магла

туман

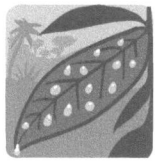

влажност ваздуха

вологість повітря

муња
блискавка

грмљавина
грім

олуја
шторм

туча
град

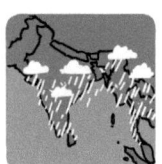

монсун
мусон

поплава
повінь

лед
лід

јануар
Січень

фебруар
Лютий

март
Березень

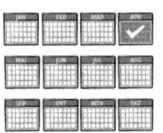

април
Квітень

мај
Травень

јуни
Червень

јули
Липень

август
Серпень

година - рік

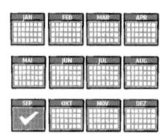

септембар
....
Вересень

октобар
....
Жовтень

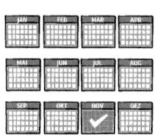

новембар
....
Листопад

децембар
....
Грудень

круг
....
круг

квадрат
....
квадрат

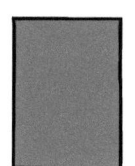

правоугао
....
прямокутник

троугао
....
трикутник

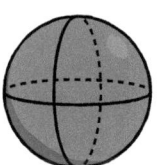

кугла
....
куля

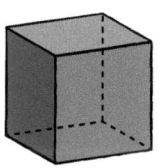

коцка
....
куб

бела

білий

жута

жовтий

наранџаста

помаранчевий

ружичаста

рожевий

црвена

червоний

љубичаста

фіолетовий

плава

синій

зелена

зелений

смеђа

коричневий

сива

сірий

црна

чорний

много / мало

багато / мало

љутито / мирно

лютий / мирний

лепо / ружно

гарний / бридкий

почетак / крај

початок / кінець

велико / малено

великий / малий

светло / тамно

світлий / темний

брат / сестра

брат / сестра

чисто / прљаво

чистий / брудний

потпуно / непотпуно

завершений /
незавершений

дан / ноћ

день / ніч

мртво / живо

мертвий / живий

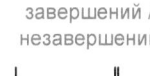

широко / уско

широкий / вузький

jестиво / неjестиво

їстівний / неїстівний

зло / добро

злий / дружній

узбуђено / досадно

збуджений / нудьгуючий

дебело / мршаво

товстий / тонкий

на почетку / на краjу

спочатку / востаннє

приjатељ / неприjатељ

друг / ворог

пуно / празно

повний / порожній

тврдо / мекано

жорсткий / м'який

тешко / лагано

важкий / легкий

глад / жеђ

голод / спрага

болесно / здраво

хворий / здоровий

илегално / легално

незаконний / законний

паметно / глупо

розумний / дурний

лево / десно

вліво / вправо

близу / далеко

поруч / далеко

супротности - протилежності

ново / половно

нови / використаний

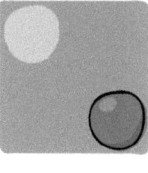

ништа / нешто

нічого / щось

старо / младо

старий / молодий

укључено / искључено

вкл / викл

отворено / затворено

відкрито / закрито

тихо / гласно

тихо / гучно

богато / сиромашно

багатий / бідний

тачно / погрешно

правильно / неправильно

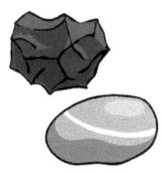

храпаво / глатко

шорсткий / гладкий

тужно / сретно

сумний / щасливий

кратко / дуго

короткий / довгий

полако / брзо

повільно / швидко

мокро / сухо

вологий / сухий

топло / хладно

гарячий / холодний

рат / мир

війна / мир

супротности - протилежності

0

нула

нуль

1

један

один

2

два

два

3

три

три

4

четири

чотири

5

пет

п'ять

6

шест

шість

7

седам

сім

8

осам

вісім

9

девет

дев'ять

10

десет

десять

11

једанаест

одинадцять

12

дванаест

дванадцять

13

тринаест

тринадцять

14

четрнаест

чотирнадцять

15

петнаест

п'ятнадцять

16

шестнаест

шістнадцять

17

седамнаест

сімнадцять

18

осамнаест

вісімнадцять

19

деветнаест

дев'ятнадцять

20

двадесет

двадцять

100

стотину

сто

1.000

хиљаду

тисяча

1.000.000

милион

мільйон

МОВИ

енглески
··············
англійська

амерички енглески
··············
американська англійська

мандарински кинески
··············
китайська
високочиновницька

хиндски
··············
хінді

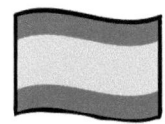

шпански
··············
іспанська

француски
··············
французька

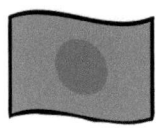

арапски
··············
арабська

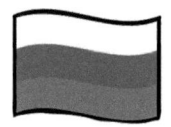

руски
··············
російська

португалски
··············
португальська

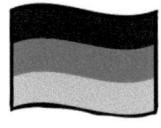

бенгалски
··············
бенгальська

немачки
··············
німецька

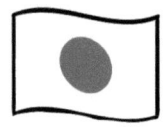

јапански
··············
японська

ja
....
я

ти
....
ти

он / она / оно
....
він / вона / воно

ми
....
ми

ви
....
ви

они
....
вони

Ко?
....
хто?

Шта?
....
що?

Како?
....
як?

Где?
....
де?

Када?
....
коли?

име
....
ім'я

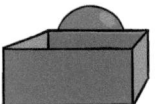

иза
....
ззаду

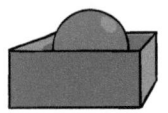

у
....
в

испред
....
перед

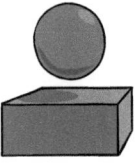

преко
....
над

на
....
на

испод
....
під

поред
....
біля

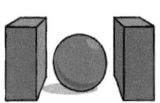

између
....
між

место
....
місце